Eine der ältesten Formen der Historiographie, die Beschäftigung mit den Menschen, welche den Ablauf der Geschichte gestalteten, beeinflußten oder erlitten, wird künftig als eigenständige Disziplin im Rahmen der österreichischen Historikertage zu Wort kommen dürfen[1]. Die Sektion 14 der genannten Tagungen soll nämlich ab der 1992 stattfindenden Zusammenkunft in Graz eine thematische Ausweitung erfahren und neben Genealogie und Heraldik auch Prosopographie erfassen. Die Berücksichtigung der Personengeschichte unter dem genannten Terminus, der grundsätzlich Sammlungen von unterschiedlich begrenzten Personengruppen bezeichnet[2], bedingt zweierlei: Einerseits wird die Erörterung von Problemstellungen der Einzelbiographie damit ausgeschlossen[3], andererseits gilt es vorerst zu klären, was alles unter dieser Bezeichnung verstanden werden darf. Der Begriff deckt sich nicht vollkommen mit Biographie, unter der man im allgemeinen Sprachgebrauch die Beschäftigung mit Leben und Wirken von Personen versteht, und ist zudem nicht eindeutig bestimmt[4]. Letzteres war auch den Organisatoren des Deutschen Historikertages 1974 in Braunschweig bewußt, auf dem die personenbezogene Forschung dort als eigene Abteilung erstmals präsent war, und so erachteten sie es für notwendig, den für die Gespräche maßgebenden Begriffsinhalt von Prosopographie zu definieren[5], ohne dabei für die vertretene Auffassung allgemeine Gültigkeit zu beanspruchen[6]. Vor diesem Hintergrund sind die folgenden Ausführungen zu sehen[7].

[1] Beschlossen durch den Vorstand des Verbandes Österreichischer Geschichtsvereine in seiner Sitzung vom 25. Juni 1990. Die Autorin dankt dem genannten Gremium für diese positive Erledigung ihres am 24. Oktober 1989 gestellten diesbezüglichen Antrages, aber auch Herrn SR Prof. Dr. Hanns JÄGER-SUNSTENAU, welcher der von ihr vorgeschlagenen Aufnahme der personenbezogenen Forschung in die damals von ihm geleitete Sektion, deren Zweigen sie ihr am nächsten zu stehen schien, zustimmte und – von der ersten Kontaktaufnahme in dieser Angelegenheit an – deren Bestrebungen unterstützt und gefördert hat.

[2] Im genannten Antrag war um Schaffung einer eigenen Subsektion für die Belange der *biographischen Forschung* ersucht worden.

[3] Dieser Umstand greift kaum in das ursprünglich von der Autorin vorgesehene Arbeitsprogramm der neuen Subsektion ein, das ohnehin vornehmlich den Interessen allgemeiner, regionaler oder fachorientierter biographischer Sammelwerke entgegenkommen sollte.

[4] Vgl. beispielsweise Karl SCHMID, Bemerkungen zur Frage einer Prosopographie des früheren Mittelalters, in: Zeitschrift für Württembergische Landesgeschichte 23 (1965), 221: *Es ist indessen noch nicht deutlich geworden, was man im einzelnen unter Prosopographie versteht;* Prosopographie als Sozialgeschichte? Methoden personengeschichtlicher Erforschung des Mittelalters. Sektionsbeiträge zum 32. Deutschen Historikertag Hamburg 1978 (München 1978), 5: *Mit dem Wort „Prosopographie" verhält es sich kaum anders als mit dem Wort „Sozialgeschichte". Weit von einem eindeutigen Verständnis entfernt, verbinden sich mit ihm Vorstellungen ganz verschiedener Art.*

[5] Man definierte sie als *Sammlung und Verzeichnis aller Personen eines nach Zeit und Raum abgesteckten Lebenskreises;* vgl. Jürgen PETERSOHN, Zu Forschungsgeschichte und Methode, in: Personenforschung im Spätmittelalter, in: Zeitschrift für historische Forschung 2 (1975), 1.

[6] Vgl. die trotz oben erwähnter Begriffsbestimmung zwei Jahre später gemachte Aussage in: Prosopographie als Sozialgeschichte? (wie Anm. 4), 5.

[7] Diese decken sich im wesentlichen mit dem am 26. September 1990 im Rahmen der Sektion 14 des Historikertages in Linz gehaltenen Vortrag: Friederike HILLBRAND-GRILL, Einführung in die Prosopographie (Biographik). Dieser Vortrag wollte nicht als umfassende Behandlung der Prosopographie verstanden sein, sondern – gemäß seiner Zweckbestimmung als Einführung in Wesen und Aufgabenstellung der neuen Subsektion – lediglich Begriffsinhalt- und Umfang der Prosopographie, deren Verhältnis zur Biographie sowie das künftige Arbeitsprogramm erläutern; vgl. Kurzfassung in: Bericht über den achtzehnten Österreichischen Historikertag in Linz... vom 25.-28. September 1990 (Veröffentlichungen des Verbandes Österreichischer Geschichtsvereine 27, Wien 1992), 313-317.

Wie die Mitarbeiter des Deutschen Historischen Instituts in Paris feststellen konnten[8], erscheint die Bezeichnung Prosopographie erstmals in der Renaissancezeit und zwar im Titel des von Justin GOEBLER 1537 in Mainz veröffentlichten Werkes *Prosopographiarum libri quatuor, in quibus, personarum illustrium descriptiones aliquot seu imagines … continentur*[9], und der in Ravensburg geborene Historiograph Maximilians II., Heinrich PANTALEON, veröffentlichte 1565 seine *Prosopographia herovm atqve illvstrivm virorvm totivs Germaniae*[10] als Heldenbuch der deutschen Nation[11]. Das Wort ist also ebenso eine nachantike Prägung wie das seit dem 14.Jht. auftretende Biographia[12] oder das 1633 erstmals verwendete Bibliographia[13]. Karl Ferdinand WERNER, der langjährige Direktor des genannten Pariser Instituts und Initiator der umfassenden Prosopographie für die Zeit vom 3. bis 12. Jht.[14], verweist auf den wechselnden Gebrauch von Plural und Singular. Er sieht ihn in der grundsätzlich unterschiedlichen Auffassung der beiden Autoren begründet. GOEBLER faßte jede seiner einzelnen Personalbeschreibungen als Prosopographie auf, PANTALEON das Gesamtwerk[15]. Gemäß der Encyclopédie DIDEROTS – der entsprechende Band erschien 1765 – bedeutet sie durch Worte dargestellte Bilder oder Beschreibungen[16]. Bezeichnet der Ausdruck in den genannten Fällen Sammlungen von richtigen Lebensbildern, wird er dagegen 1745 in einer Ausgabe des Kodex Theodosianus für das damit verbundene Register verwendet: *Prosopographia sev index personarvm omnivm quarvm fit mentio in codice Theodosiano …* heißt es dort[17].

In die wissenschaftliche Forschung fand der Terminus dann vor ungefähr einem Säkulum durch die Althistoriker Eingang. Zu Ende der 90er Jahre des 19. Jht. erschien, basierend auf dem *Corpus inscriptionum Latinarum*[18], die im Auftrag der preußischen Akademie der Wissenschaften bearbeitete *Prosopographia imperii*

[8] Vgl. Karl Ferdinand WERNER, Problematik und erste Ergebnisse des Forschungsvorhabens „PROL", in: Quellen und Forschungen aus italienischen Archiven und Bibliotheken 57(1977), 70f.

[9] Justin GOEBLER, Prosopographiarum libri quatuor, in quibus, personarum illustrium descriptiones aliquot seu imagines … continentur (Mainz 1537).

[10] Heinrich PANTALEON, Prosopographia herovm atqve illvstrivm virorvm totivs Germaniae … (Basel 1565).

[11] Deutschsprachige Fassung: Teutscher Nation Heldenbuch: Inn diesem werden aller Hochuerruempten Teütschen personen, Geistlicher vnd Weltlicher, hohen vnnd nideren staths, Leben vnnd nammhafftige thaten gantz warhafftig beschriben, wellliche durch jhre tugendten, grosse authoritet, starcke waffen, fromm(ig)keit, weißheit, vnnd gute künst, von anfang der welt, fürnemlich nach der Sprachenverwirrung, biß auff den Grossen Carolum, den ersten Teütschen Keyser, auff das achthunderste jar nach Christi geburt, jhr vatterland Teütsche nation hoechlichen bezieret vnd groß gemachet … (Basel 1567).

[12] Vgl. WERNER, Problematik (wie Anm. 8), 71.

[13] Gabriel NAUDÉ, Bibliographia politica (Venedig 1633).

[14] Prosopographia Regnorum Orbis Latini (PROL); vgl. dazu WERNER, Problematik (wie Anm. 8), 79; (Karl Ferdinand WERNER), Deutsches Historisches Institut Paris 1958-1983 (Paris 1983), 41 (deutsch und französisch).

[15] Vgl. WERNER, Problematik (wie Anm. 8), 70.

[16] *Prosopographie* (Art orat.) *c'est-à-dire image, portrait, description, peinture … Elle peint les vices des hommes, leurs vertus, les faits;* vgl. Encyclopédie, ou dictionnaire raisonné des sciences, des arts et des métiers … 13 (Neufchâtel 1765), Faksimiledruck (Stuttgart-Bad Cannstatt 1966), 499f.

[17] Codex Theodosianus, hrsg. von Jacob GOTHOFRED, Neuaufl. von Johannes Daniel RITTER, 6/2 (Leipzig 1745), 34-94.

[18] Corpus inscriptionum Latinarum, hrsg. von der Preußischen Akademie der Wissenschaften 1ff. (Berlin ab 1863). Die einzelnen Bände des Werkes behandeln mit ihren Ergänzungen jeweils die Inschriften bestimmter geographisch-politischer Einheiten.

Romani[19], zu der Theodor MOMMSEN das Vorwort schrieb[20]. Weitere derartige Werke folgten. Man verstand unter diesen Prosopographien als Grundlage für weitere wissenschaftliche Arbeiten gedachte biographische Materialzusammenstellungen für bestimmte zeitlich oder sachlich geordnete Personengruppen[21], die einzelnen Artikel waren dementsprechend knapp. Zu Beginn der 30er Jahre schlug dann der aus Oberösterreich stammende Mediävist Theodor MAYER der Notgemeinschaft der deutschen Wissenschaft die Erarbeitung einer deutschen Prosopographie vor, eine Anregung, die man erst während des Zweiten Weltkrieges aufnahm. Die daraufhin einsetzenden Arbeiten mußten aber infolge des weiteren Kriegsverlaufes bald wieder eingestellt werden[22]. Die breite Anwendung für die deutsche Mediävistik, als deren Beginn der von Gerd TELLENBACH in *Königtum und Stämme in der Werdezeit des Deutschen Reiches* veröffentlichte Abschnitt über die Reichsaristokratie mit Personenlisten[23] angesehen wird[24], setzte aber erst in der Zeit nach dem Zweiten Weltkrieg intensiv ein, in der sie in der Folge auch weite Verbreitung in der Spätmittelalter- und Neuzeitforschung fand. Als Pionier der Prosopographie für die spätere Periode gilt der Engländer NAMIER[25], und man ersetzt im Inselreich Prosopographie gerne durch *Namierizing* oder *Namierism*, das als *Namierisation* im Französischen erscheint[26].

Ursprünglich wie für die Antike ebenfalls nur auf knappe Erfassung gewisser Personenkreise abzielend, weitete die Prosopographie sich jedoch langsam aus, hin zur Biographie, zu der sie ursprünglich in einem wesensmäßigen Gegensatz stand. Erstere ist gemäß dem Wortsinn auf die Beschreibung äußerer Gegebenheiten ausgerichtet, d. h. sie erschöpft sich in Sammlung und Wiedergabe von mehr oder minder vollständigen Lebensdaten, Stellungen etc., während hingegen die Biographie auch geistige und charakterliche Merkmale und Wirkungen zu berücksichtigen hat; wechselseitige Beeinflussungen schließt man allerdings nicht aus, wie es 1986 in der Einleitung zu den gedruckten Vorträgen der Ersten internationalen und interdisziplinären Konferenz mittelalterlicher Prosopographie, die im Dezember 1982 in

[19] Elimarus KLEBS, Prosopographia imperii Romani saec. I, II, III (Berlin 1897, Neuaufl. 1933).

[20] Vgl. dazu Michel CHRISTOL, Prosopographie et Histoire de l'État: Le cas de l'empire romain. Prosopographie et histoire romaine: Mommsen, Münzer et les autres ..., in: Prosopographie et Genèse de l'État moderne, hrsg. von Françoise AUTRAND (Collection de l'École Normale Supérieure des jeunes filles 30, Paris 1986), 19-33.

[21] Vgl. Hermann BENGTSON, Einführung in die alte Geschichte (8. Aufl. München 1979), 160.

[22] Vgl. Theodor MAYER, Rolf Sprandel: Der merowingische Adel und die Gebiete östlich des Rheins (Rezension), in: Blätter für deutsche Landesgeschichte 93 (1957), 458.

[23] Gerd TELLENBACH, Königtum und Stämme in der Werdezeit des Deutschen Reiches (Quellen und Studien zur Verfassungsgeschichte des Deutschen Reiches in Mittelalter und Neuzeit 7/4, Weimar 1939), 40-69.

[24] Vgl. Karl SCHMID, Prosopographische Forschungen zur Geschichte des Mittelalters, in: Aspekte der Historischen Forschung in Frankreich und Deutschland. Schwerpunkte und Methoden. Deutsch-Französisches Historikertreffen Göttingen 3-6 X 1979, hrsg. von Gerhard A. RITTER und Rudolf VIERHAUS (Veröffentlichungen des Max-Planck-Instituts für Geschichte 69, Göttingen 1981), 61.

[25] Sir Lewis Bernstein NAMIER (1888-1960), bis 1913 Ludwik BERNSTEIN, polnisch-jüdischer Herkunft, kam 1908 nach England, wurde 1913 britischer Staatsbürger, wirkte ab 1953 als Professor für Neuere Geschichte an der Univ. Manchester, 1952 geadelt; vgl. The Dictionary of National Biography, Erg. Bd. 1951-60 (Oxford 1971). NAMIER wurde nicht – wie STERN behauptet – in der Österreichisch-ungarischen Monarchie geboren. NAMIERS von STERN nicht angegebener Geburtsort Wola Okrzejska liegt im ehemaligen Russisch-Polen. Anlaß zur Prüfung dieses Faktums gab ein freundlicher Hinweis von Archivoberrat Dr. Georg HEILINGSETZER, Linz, auf das Zitat Stern; vgl. Geschichte und Geschichtsschreibung. Möglichkeiten, Aufgaben, Methoden, hrsg. von Fritz STERN (München 1966), 382.

[26] Vgl. Jean-Philippe GENET, Introduction, in: Prosopographie et Genèse (wie Anm. 20), 9.

4

Bielefeld stattfand, heißt[27]. Dazu kommt die Unterschiedlichkeit der Fragestellung, richtet doch die Prosopographie – anders als die Biographie, der stets am Einzelwesen gelegen ist – ihr Interesse immer auf Gesamtheiten, zu welchen sie den Einzelnen in Beziehung setzt[28], d. h. Forschungsziel waren letztlich Erkenntnisse über die Gemeinschaft, die man auf dem Umweg des *biographical approach* über deren Mitglieder zu erfassen suchte. Dies ist der Grund, warum vereinzelt die Prosopographie lediglich als Methode eingestuft wird[29]. Es erklärt andererseits aber auch, warum analytische Auswertungen der gesammelten Daten, wie sie Friedrich MÜNZER erstmals an Hand des für PAULY-WISSOWAS *Realencyclopädie*[30] zusammengetragenen Materials geboten hat[31], wesentliche Begleiter der personenbezogenen Materialien wurden.

Für die gegenständliche Subsektion erhebt sich nun die Frage, inwieweit Probleme der eigentlich biographischen Forschung überhaupt im Rahmen einer prosopographischen Abteilung behandelt werden können, bzw. ob die vielfältigen ausschließlich biographischen Unternehmen – wie deren Träger – auch weiterhin auf eine Repräsentanz bei den Historikertagen verzichten müssen. In diesem Zusammenhang ist nun auf eine Entwicklung in der praktischen Forschung zu verweisen, welche die aufgezeigten Grenzen weitgehend verwischt. So schrieb Dieter RIESENBERGER 1967 im Vorwort seiner an der Universität Freiburg approbierten Dissertation *Prosopographie der päpstlichen Legaten von Stephan II. bis Sylvester II.*, Ziel seiner Arbeit wäre es, nach Möglichkeit die Namen der genannten Legaten unter Heranziehung möglichst vieler Nachrichten mit Leben zu erfüllen, deren Persönlichkeit faßbar zu machen[32]. Er strebt also nach etwas, das, wie oben angedeutet, die *Prosopographie* ausschließt: den Schritt von der Person zur Persönlichkeit[33]. Und er strebt es nicht nur an, er führt es auch durch. Er begnügt sich nicht mit den einfachen Daten der Legation, nein, er schildert überdies nicht nur den Hintergrund, vor dem die Legaten agierten sondern zeigt sie auch, soweit die Quellenlage es zuläßt, in ihrem Wirken und ihrem Einfluß[34], Züge, die der Biographie zugewiesen werden. Françoise AUTRAND, Mitglied einer Arbeitsgruppe zur Erforschung spätmittelalterlicher Institutionen hinwiederum betont: *Il ne s'agit pas d'établir le*

---

[27] Vgl. Neithard BULST – Jean-Philippe GENET, Introduction, in: Medieval Lives and the Historian. Studies in Medieval Prosopography. Proceedings of the First International Interdisciplinary Conference on Medieval Prosopography, University of Bielefeld 3-5 December 1982, hrsg. von Neithard BULST und Jean-Philippe GENET (Kalamazoo, Michigan 1986), (1).

[28] ... *le groupe n'est pas seulement une addition d'individus... il faut mettre en valeur les éléments qui unissent entre eux les membres du groupe;* vgl. Françoise AUTRAND, Introduction, in: Prosopographie et Genèse (wie Anm. 20), 15; Neithard BULST, Zum Gegenstand und zur Methode, in: Medieval Lives (wie Anm. 27), 7.

[29] z.B. von Stone; vgl. Lawrence STONE, Prosopography, in: Daedalus 100 (1971), 46-79, dt.: Prosopographie-englische Erfahrungen, in: Quantifizierung in der Geschichtswissenschaft.Probleme und Möglichkeiten, hrsg. von Konrad H. JARAUSCH (Düsseldorf 1976), 64-97.

[30] Neubearb.: PAULYS Realencyclopädie der classischen Altertumswissenschaft, hrsg. von Georg WISSOWA; der erste Halbband erschien 1893 in Stuttgart, im selben Jahr erging die Einladung zur Mitarbeit an Friedrich MÜNZER, der ab dem Buchstaben C (Halbband 5, Stuttgart 1897) die prosopographischen Artikel betreute.

[31] Friedrich MÜNZER, Römische Adelsparteien und Adelsfamilien (Stuttgart 1920); vgl. dazu auch Anm. 20. Der am 22. April 1868 in Oppeln geborene Münzer starb am 20. Oktober 1942 in Theresienstadt.

[32] Vgl. Dieter RIESENBERGER, Prosopographie der päpstlichen Legaten von Stephan II. bis Sylvester II. (phil.Diss. Freiburg/Br. 1967), 1.

[33] Vgl. BULST-GENET, Introduction (wie Anm. 27), (1).

[34] Vgl. z.B. den Artikel über Wilachrius, Erzbischof von Sens bei RIESENBERGER, Legaten (wie Anm. 32), 11ff.

portrait robot du parlementaire... mais de tirer de l'ombre dans toute la richesse individuelle de leur personnalité unique des hommes ...[35]. Auch hier die Erfassung der Persönlichkeit. Allerdings versteht fünf Jahre später der Schreiber des Vorworts zu den von der genannten Autorin herausgegebenen Vorträgen des von ihr in Paris gehaltenen Round-table-Gesprächs über Prosopographie und die Entstehung des modernen Staates[36] diese wieder lediglich als *description des caractères externes* und als *biographie collective* an Hand von *characteristiques observables*[37].

Auch in Österreich finden sich Beispiele dieser Entwicklung. So bezeichnet Heinrich BERG in seinen quellenkundlichen und prosopographischen Studien die Ausführungen über Arn von Salzburg ausdrücklich als Biographie[38]. Andreas SCHWARCZ hingegen legt 1984 in seiner Prosopographie der gotischen Reichsangehörigen manchmal die Motive für die Handlungen einzelner Persönlichkeiten frei[39], Momente, die streng genommen nicht Gegenstand von Prosopographien sind.

Diese Beispiele belegen, wie sehr prosopographische und biographische Forschung sich einander genähert haben. Die aufgezeigte Entwicklung ist nur zu verständlich. Gerd TELLENBACH betonte 1957 in seiner Freiburger Rektoratsrede die Unmöglichkeit, für die Zeit vor 1200 Biographien zu erstellen[40]. Aus seiner Formulierung klingt ein Bedauern und läßt verstehen, warum die Grenzen der Prosopographie im ursprünglichen Sinn oft dort überschritten werden, wo es die Quellenlage zuläßt[41].

Der Begriff Prosopographie erfährt aber nicht nur eine Ausweitung, es wandelt sich auch sein Verhältnis zu dem der Biographie. War letzterer durch die Einbeziehung psychologischer Momente ursprünglich der umfassendere und gewissermaßen höherwertige, erscheint die Biographie in jüngeren Arbeiten geradezu als Grundlage der Prosopographie, heißt es doch im Vorwort zu der von der Londoner Akademie der Wissenschaften herausgegebenen Prosopographie der späteren Kaiserzeit: *... we began writing the biographies*[42], und das in Paris erarbeitete Parallelwerk für den kirchlichen Bereich drückt sich auf ähnliche Weise aus[43]. Der

[35] Vgl. Françoise AUTRAND, Prosopographie et Histoire de l'Etat, in: Aspekte der historischen Forschung (wie Anm. 24), 46.

[36] Vgl. GENET, Introduction (wie Anm. 26), 9.

[37] Als Beispiele für diese zählt er Studien, Karriere etc. auf; vgl. GENET, Introduction (wie Anm. 26), 9.

[38] Vgl. Heinrich BERG, Quellenkundliche und prosopographische Studien zur Kirchengeschichte des österreichischen Raumes im Frühmittelalter (phil.Diss. Wien 1986), 2. Allerdings bildet hier der prosopographische Ansatz – wie der Autor S. 3 betont – zwar Ausgangspunkt und Grundlage der Arbeit, der aber teilweise in eine breitere Darstellung eingebunden ist.

[39] *... scheint die Realität zwischen Sarus und Athaulf um die Gunst der 380 in Pannonien angesiedelten Foederaten den Gegensatz zwischen Sarus und Athaulf bewirkt zu haben. – Was immer auch die ... Ziele der Thessalienexpedition Stilichos waren ... oder – wie es wohl am wahrscheinlichsten ist – eine je nach Durchsetzungsmöglichkeiten variierbare Kombination ...;* vgl. Andreas SCHWARCZ, Reichsangehörige Personen gotischer Herkunft. Prosopographische Studien (phil. Diss. Wien 1984), 165, 175.

[40] Vgl. Gerd TELLENBACH, Zur Bedeutung der Personenforschung für die Erkenntnis des früheren Mittelalters (Freiburger Universitätsreden. Veröffentlichungen der Albert-Ludwig-Universität und der Wissenschaftlichen Gesellschaft in Freiburg, Freiburg 1957), 6,8, Neuaufl. ders., Ausgewählte Abhandlungen und Aufsätze 3 (Stuttgart 1988), 944, 946.

[41] Lt. BEECH kann der Mediävist auf Prosopographie verzichten, falls ihm genügend Quellen mit ausreichenden Nachrichten zur Verfügung stehen; er dachte dabei allerdings im wesentlichen an Forschungen über Führungsgruppen; vgl. Georg BEECH, Prosopography, in: Medieval Studies, hrsg. von James M. POWELL (New York 1976), 153.

[42] Vgl. Arnold HUGH – Martin Jones-John Robert MARTINDALE – J. MORRIS, The Prosopography of the later Roman Empire 1 (Cambridge 1971), V.

[43] *... nous avons accueilli des personnages non africains d'origine mais dont la biographie se déroule en Afrique; ... c'est que sa seule biographie;* vgl. André MANDOUZE, Prosopographie de l'Afrique chrétienne (303-533) (Prosopographie chrétienne du Bas-Empire 1, Paris 1982), 8.

Begriff Prosopographie umreißt hier die Gesamtheit der einzelnen Artikel, die als Biographien bezeichnet werden[44]. Schließlich begann man sie, da stets Gruppen erfaßt werden, als Sammel- oder Kollektivbiographie zu bezeichnen, ein Terminus, der, von Stone eingeführt[45], vor allem für die Neuzeit betreffende Arbeiten Verwendung findet. Daneben erscheint auch der Ausdruck Multi Biographie. Die Deutschen Ernst ENGELBERT und Hans SCHLEIER setzten kürzlich in ihrem Referat für den Internationalen Historikerkongreß in Madrid Kollektiv-Biographie und Prosopographie einander gleich, sahen darin aber nur eine von zehn möglichen Formen biographischer Forschung, ordneten sie also der Biographie wieder unter[46]. Sie stellten ihr die Enzyklopädischen Kurzbiographien ausdrücklich gegenüber, während Karl SCHMID, prominenter Vertreter der Mittelalterprosopographie, Allgemeine Deutsche Biographie, Neue Deutsche Biographie, Biographisches Wörterbuch zur Deutschen Geschichte gleich den landesgeschichtlichen Lebensbildern zur Prosopographie zählt[47], obwohl diesen eines der wesentlichen Kriterien dafür fehlt, die Erarbeitung im Hinblick auf analytische Auswertung[48]. Biographische Lexika wollen ja meist lediglich aufzeigen, wer hinter bestimmten Ereignissen oder Entwicklungen sowie Werken der Kunst etc. steht. Dies setzt sie jedoch nicht in unüberwindlichen Gegensatz zur eigentlichen Prosopographie, können sie doch trotzdem auch für den abgesteckten Rahmen, den sie erfassen, zur Grundlage vielfältiger, wenn auch nicht ursprünglich angestrebter sozialgeschichtlicher Untersuchungen werden. Schon 1933 wies CHRISTERN in den Sitzungsberichten der Preußischen Akademie der Wissenschaften auf solche Möglichkeiten hin und bedauerte, daß die *Allgemeine Deutsche Biographie* nicht als Basis entsprechender Studien genutzt wurde[49], während MERTON 1938 für seine prosopographische Arbeit über das 17. Jht. in England lediglich das im *Dictionary of National Biography* inbegriffene Material ausschöpfte[50]. Peter CSENDES aber zeigte 1989 an Hand des *Österreichischen Biographischen Lexikons*[51], welche allgemeinen sozial-

[44] CRUICSHANKS sagt von dem bedeutenden Prosopographen Namier: ... *NAMIER, who pioneered the biographical technique...;* vgl. Eveline CRUICSHANKS, Multi-biographical Analysis as an Approach to Parliamentary History, in: Prosopographie et Genèse (wie Anm. 20), 335.
[45] Geprägt als *collective biography* in STONE, Prosopography (wie Anm. 29), 46, das in der verkürzten dt. Fassung ursprünglich zutreffend als *Sammel-Biographie* übersetzt wurde; vgl. STONE, Prosopographie (wie Anm. 29), 64.
[46] Vgl. Ernst ENGELBERT – Hans SCHLEIER, Die Biographie in der Geschichte des 19. und 20. Jht., in: 17. Congrès international des sciences historiques. Rapports et abrégés 1 (Madrid 1990), 212. Als übrige Formen biographischer Forschung nennen sie: Enzyklopädische Kurzbiographien und Nekrologe, biographische Materialsammlungen, wissenschaftlich-kritische Biographien, biographische Essays oder Monographien, Autobiographien (als Randerscheinungen dieser Form sehen sie die Memoiren an), Biographien, die zum Verstehen des Seelenlebens die Charakteristik über das Quellenmaterial hinaus mit funktionellen Mitteln vervollständigen wollen, historische Belletristik, psychoanalytische Biographien und Oral History.
[47] Vgl. Karl SCHMID, Prosopographische Forschungen (wie Anm. 24), 66.
[48] *Chaque catalogue prosopographique devrait supposer en principe un but de recherche et de connaissance;* vgl. Neithard BULST, La recherche prosopographie récente en Allemagne (1250-1650). Essai d'un bilan, in: Prosopographie et Genèse (wie Anm. 20), 37.
[49] Vgl. Hermann CHRISTERN, Entwicklung und Aufgaben biographischer Sammelwerke. Ein Beitrag zur Geschichte der Historiographie, in: Sitzungsberichte der Preußischen Akademie der Wissenschaften 1933, phil.-hist. Kl. (1933), 1097. Er bedauerte in diesem Zusammenhang das Fehlen von Spezialregistern zur Aufgliederung nach Stand, Beruf, Würden und Landschaft, die er als Voraussetzung einer rationellen Erschließung des Werkes für Sozial-, Territorial- und Landesgeschichte ansah.
[50] K. MERTON, Science, Technology and Puritanism in Seventeenth Century England, in: Osiris 4 (1938); zitiert nach STONE, Prosopographie (wie Anm. 29), 68.
[51] Peter CSENDES, Wissenschaftliche Biographie. Vortrag im Rahmen der Österreichischen Akademie der Wissenschaften am 29. Mai 1989.

geschichtlichen Erkenntnisse man aus Studium und Vergleich der Einzelbiographien dieses Werkes zu gewinnen vermag[52].

Über all diese Erscheinungen der letzten Jahrzehnte könnte man zusammenfassend etwas vereinfacht sagen: Jene Werke, die sich als Prosopographie bezeichnen, wenden sich grundsätzlich nur an den Wissenschaftler, jene, die den Ausdruck Biographie im Titel führen, daneben auch an einen breiteren Benützerkreis, trifft doch auch für die deutsche Sprache zu, was von der französischen gesagt wird, nämlich, daß Prosopographie kein *mot du langage commun* sei, also nicht dem allgemeinen Wortschatz zuzuzählen ist[53].

Die aufgezeigte Entwicklung erlaubt es demnach, jegliche Form von personenbezogenen Arbeiten, sofern sie Gruppen erfaßt und nicht rein genealogischer Natur ist, in der neuen Subsektion zu berücksichtigen. Einerseits ist Prosopographie in der Praxis auch zu einem Synonym für biographische Sammelwerke geworden, andererseits ermöglicht es der ursprüngliche Wortsinn, auf alle diejenigen Aktivitäten einzugehen, die auf Grund der Quellenlage kein vollständiges Bild der erfaßten Personen zu zeichnen vermögen. Grundvoraussetzung ist nur die jeweilige Erfassung eines genau umrissenen Kreises von Individuen, die nicht zufällig miteinander behandelt werden, sondern, durch ein gemeinsames Kriterium verbunden, in innerer Beziehung zueinander stehen[54]. Dies trifft aber letztlich auch auf nahezu alle sogenannten biographischen Sammelwerke zu, denn weder zeitlich, räumlich noch fachlich abgegrenzte Publikationen, wie z. B. MICHAUD[55], stellen eher eine Seltenheit dar und erhalten ihre Grenzen durch die sich ergebende Beschränkung auf einen Personenkreis erster Ordnung.

Selbstverständlich gehören auch die Archontologien hierher, für die vor wenigen Jahren Grundsätze ausgearbeitet wurden und die lediglich eine Spezialform der Prosopographie darstellen[56]. Nur teilweise in das Arbeitsgebiet der neuen Subsektion fallen jedoch die sogenannten Bio- oder Personalbibliographien, auch dieser Terminus findet keine eindeutige Anwendung. Die reinen Biobibliographien, wie sie beispielsweise ARNIM herausbrachte[57] oder wie der seit 1974 im Erscheinen

[52] Im Sinne einer noch breiteren Auswertbarkeit auf diesem Gebiet werden ab der 48. Lfg. dieses Lexikons in den einzelnen Artikeln nach Möglichkeit durchgehend Angaben über die soziale Herkunft (Beruf des Vaters bzw. der Eltern), religiöses Bekenntnis (sofern es vom katholischen abweicht), bemerkenswerte Ehepartner und Kinder sowie in die Persönlichkeitsentwicklung eingreifende Momente des Privatlebens angeführt. Diese Maßnahme soll das Verständnis für Wesen und Handlung der jeweiligen Persönlichkeit fördern und zudem das Material als brauchbare Basis für diverse Analysen aufbereiten.

[53] Laut Autrand hat das Wort in Frankreich auch kaum in die Sprache der Wissenschaft Eingang gefunden: … *en France, ou le mot prosopographie ne fait pas partie du langage commun et à peine du langage savant;* vgl. Françoise AUTRAND, Y at'il une prosopographie de l'état médiéval?, in: Prosopographie et Genèse (wie Anm. 20), 13.

[54] … *non pas d'individus rassemblés par hasard, mais de groupe;* vgl. AUTRAND, Ya-t-il (wie Anm. 53), 14.

[55] Biographie universelle (Michaud) ancienne et moderne, ou histoire, par ordre alphabetique, de la vie publique et privée de tous les hommes qui se sont fait remarquer par leurs écrits, leurs actions, leurs talents, leurs vertus ou leurs crimes, Neuaufl. 45 Bde. (Paris und Leipzig 1854).

[56] Zu Begriff, Geschichte und Methoden vgl. Zoltán FALLENBÜCHL, Magyarország főméltóságai (o. O. 1988), 37-52 (deutschsprachig).

[57] Max ARNIM, Internationale Personalbibliographie 1880-1943, 2. Aufl. 2 Bde. (Leipzig 1944-1952); fortgesetzt durch: Internationale Personalbibliographie, begründet von Max ARNIM, fortgeführt von Gerhard BOCK und Franz HODES, 3 (Berichtszeit 1944-1959) (Stuttgart 1963), 2. Aufl. von Bd. 3 in drei bis zum jeweiligen Erscheinungsjahr ergänzten Bänden 3-5 (Stuttgart 1981-1987).

begriffene *Index bio-bibliographicus*[58] und jene Bibliographien, die STOCK von der Universitätsbibliothek Graz mit seinen Mitarbeitern für ganz Österreich erstellt[59], gehören nicht in den prosopographisch-biographischen Bereich, sie dienen für diesen lediglich als Arbeitsbehelf, welcher selbst der Fachrichtung Bibliothekskunde und Bibliographie zuzuweisen ist. Was sie neben der Literatur und dem Namen bieten, nämlich Beruf und Lebensjahre, stellt weniger eine biographische Angabe als ein Mittel zur Identifizierung dar, wie es auch in den biographischen Abschnitten mancher Bundesländerbibliographien Anwendung findet. Es gibt aber auch Personalbibliographien, die ihrem Inhalt nach der Prosopographie bzw. Biographie zuzuzählen sind. Es ist hier vor allem an die seit vielen Jahren erarbeitete große Reihe von Erlanger Dissertationen zu denken, die jeweils gewisse Fächer einzelner – auch österreichischer – Universitäten in bestimmt abgegrenzten Zeiträumen dokumentieren. Kernstück der einzelnen Artikel ist jeweils ein möglichst lückenloses Verzeichnis der Werke der einzelnen Namensträger, vorangestellt wird aber ein vollständiger, wenn auch eher schlagwortartiger Lebenslauf mit Literatur und an den Schluß treten als Ergänzung Angaben über Arbeitsgebiete, besondere Leistungen und Ehrungen. Mit den vorangestellten, ihrem Umfang nach unterschiedlichen Gesamtdarstellungen der betreffenden Lehrstühle im behandelten Zeitraum stellen sie eigentlich fast das Idealbild von Prosopographien dar: vollständige Erfassung der Einzelglieder einer Gesamtheit, in diesem Fall der betreffenden Lehrstuhlinhaber, in einem genau abgegrenzten Zeitraum mit Ausrichtung auf die Gesamtheit durch die an Hand der Einzelglieder erarbeitete Einleitung.

Gleich der erstgenannten Form von Biobibliographien scheiden als Objekt der Untersuchung auch Werke wie das vom Münchner Verlag Saur herausgegebene *Deutsche Biographische Archiv* aus[60] – es existieren auch Parallelwerke für andere Länder[61] –, das die in den wichtigsten Sammelwerken des 19. und 20. Jht. erschienenen Biographien im Microficheverfahren alphabetisch zusammenfaßt und durch Registerbände erschließt. Sie verändern weder Aufbau noch Auswahlprinzipien der Artikel, sondern bilden lediglich die Summe der erfaßten Teilsammlungen, die allein nach wissenschaftstheoretischen Kriterien zu betrachten sind.

Von den unmittelbar auf Erkenntnisse einer Gesamtheit abzielenden Prosopographien können in der gegenständlichen Subsektion allerdings nur die ihnen zugrunde liegenden biographischen Zusammenstellungen Berücksichtigung finden. Deren Auswertung, auch wenn sie mit ersteren direkt verbunden sind, fallen in die verschiedensten wissenschaftlichen Bereiche und sind dort zu analysieren. Eine solche Trennung nimmt übrigens auch die Forschung in Deutschland vor, welche die materialliefernde Prosopographie von der auf dieser basierenden Personen-

[58] IBN. Index bio-bibliographicus notorum hominum. Tl. C: Corpus alphabeticum I: Sectio generalis, bisher CI 1-53 (Osnabrück 1974-1991). Tl. A wird einer Allgemeinen Einführung, Tl. B, einer Liste der ausgewerteten bio-bibliographischen Werke, Tl. D dem Supplementum, Teil E einem Gesamtregister der Verweisungen gewidmet.

[59] Karl F. STOCK u.a., Personalbibliographien österreichischer Persönlichkeiten, bisher 1-5 (A-G) (Bibliographie österreichischer Bibliographien, Sammelbiographien und Nachschlagewerke, Abt. 3, 1-5, Graz 1987-1990).

[60] Das Deutsche Biographische Archiv wertete für Persönlichkeiten des 19. Jht. 251 biographische Werke aus, deren Artikel es auf 1421 Microfiches festhielt. Die Fortsetzung für das 20. Jht. ist noch in Bearbeitung, zu Jahresende 1991 lagen 554 Fiches vor. Das mehrbändige Namensregister gibt im ersten Band Benützungshinweise und listet die ausgewerteten biographischen Lexika auf; vgl. für das 19. Jht. Deutscher Biographischer Index, hrsg. von Willi GORZNY, 4 Bde. (München-London-New York-Oxford-Paris 1986).

[61] So für Frankreich, Italien, Spanien mit Portugal und Iberoamerika, Amerika, Großbritannien, Skandinavien und Australien.

forschung sogar begriffsmäßig trennt[62]. Von verschiedenen Forschern werden die beiden Termini allerdings auch einander gleichgesetzt[63].

Damit wäre vorerst umrissen, welche Formen wissenschaftlicher Aktivitäten in den Bereich der neuen Subsektion fallen. Wie steht es nun um deren Programm bzw. Zielsetzung? Sie soll, kurz formuliert, ein Forum für Präsentation wie Diskussion allgemeiner Problemstellungen der prosopographisch-biographischen Forschung werden, der zwar *hinsichtlich des zu erfassenden Personenkreises interdisziplinäre Züge zukommen, die ihrem Wesen und ihrer Methode nach aber als Ganzes Teil der Geschichtswissenschaft ist*, ein Umstand, dem beispielsweise die deutschen Historikertage seit jenem schon erwähnten in Braunschweig 1974 Rechnung tragen[64]. Prosopographische Themen waren u. a. auch Gegenstand eines Kolloquiums der deutschen historischen Auslandsinstitute, 1976, sowie eines deutsch-französischen Historikertreffens, 1979[65], beide in Göttingen, einer internationalen und interdisziplinären Tagung 1982 in Bielefeld[66] und der Internationale Historikerkongreß 1990 in Madrid wies eine in vier Untergruppen[67] gegliederte biographische Abteilung auf, von denen eine der kollektiven Biographie gewidmet war, die sich auch mit Problemen der nationalen biographischen Lexika befaßte und somit dem erweiterten Begriffsinhalt von Prosopographie gerecht wurde[68]. Mit der thematischen Ausweitung der Sektion 14 der Österreichischen Historikertage um die prosopographisch-biographische Forschung wird diese Zugehörigkeit auch in Österreich offiziell unterstrichen.

Die bei den Tagungen zu erörternde Thematik ist grundsätzlich in eine methodologisch-praktische und eine allgemein-theoretische zu gliedern, wenn auch theoretische Grundsätze an Hand praktischer Erfahrungen bei einem speziellen prosopographischen Unternehmen erläutert werden können, sofern sie über den

[62] Sie wird als Auswertung prosopographischen Materials nach unterschiedlichen Gesichtspunkten historischer Interpretation definiert; vgl. PETERSOHN, Forschungsgeschichte (wie Anm. 5), 1.

[63] So beispielsweise von SCHMID und WERNER; vgl. SCHMID, Prosopographische Forschungen (wie Anm. 24), 56; WERNER, Problematik (wie Anm. 8), 72.

[64] Druck der Beiträge: Personenforschung im Spätmittelalter, in: Zeitschrift für historische Forschung 2 (1975) (mit eigener Seitenzählung).

[65] Druck der Beiträge: Aspekte der Historischen Forschung (wie Anm. 24).

[66] Druck der Beiträge: Medieval Lives (wie Anm. 27).

[67] Sie umfaßten 51 eingesandte Referate, von denen allerdings nicht alle zum Vortrag kamen.

[68] Kurzfassung mehrerer Beiträge: 17. Congrès international 1 (wie Anm. 46), 209-25. Eine umfassende biographische Abteilung gab es 20 Jahre vorher, auf dem vom 16.-23. August 1970 in Moskau tagenden 13. Internationalen Historikertag, für den ein auf drei österreichische Referenten aufgeteilter Beitrag *Biographie und Geschichtswissenschaft* zusammengestellt wurde. Hanns Leo MIKOLETZKY, damals Generaldirektor des Österreichischen Staatsarchivs, bearbeitete dafür das frühe und hohe Mittelalter, Heinrich LUTZ die Epoche von der Renaissance bis zum Ende des 18. Jht., Friedrich ENGEL-JANOSI das 19. und 20. Jht. Die beiden erstgenannten Referate wurden in den Kongreßakten veröffentlicht, ENGEL-JANOSIS Arbeit erst posthum 1979; vgl. XIII Mezdunarodnyi kongress istoričeskih nauk ... Doklady Kongressa 1/2 (Moskau 1973), 221 ff.(MIKOLETZKY), 233 ff. (LUTZ); Sonderabdruck: Hanns Leo MIKOLETZKY – Heinrich LUTZ – Friedrich ENGEL-YANOSI (sic) (Österreich), Biographie und Geschichtswissenschaft XIII. Internationaler Congreß der historischen Wissenschaften. Moskau 16.-23. August 1970 (Moskau 1970); Friedrich ENGEL-JANOSI, Von der Biographie im 19. und 20. Jht., in: Biographie und Geschichtswissenschaft. Aufsätze zur Theorie und Praxis biographischer Arbeit, hrsg. von Grete KLINGENSTEIN, Heinrich LUTZ und Gerald STOURZH (Wiener Beiträge zur Geschichte der Neuzeit 6, Wien 1979), 208-41; MIKOLETZKYS Beitrag erschien in erweiterter Form auch in Österreich; vgl. Hanns Leo MIKOLETZKY, Über Geschichte und Biographie im frühen und hohen Mittelalter, in: Mitteilungen des Instituts für Österreichische Geschichtsforschung 78 (1970), 13-26. Zu den internationalen Tagungen 1. Karl Dietrich ERDMANN, Ökumene der Historiker. Geschichte der Internationalen Historikerkongresse und das Comité International des Sciences Historiques (Abhandlungen der Akademie der Wissenschaften in Göttingen, phil. hist. Kl., F.3, 158, Göttingen 1987), besonders 337-442 (sachlich gegliederter Sammelabschnitt über die Kongresse 1960-1985).

Bereich, aus dem sie erwachsen sind, hinausgehen und auch für andere relevant sind.

In Österreich zeigt sich ein Auseinanderklaffen zwischen praktischer und theoretischer Beschäftigung mit der behandelten Forschungsrichtung. Eine hohe Tradition führt von den Anfängen allgemeiner wissenschaftlicher prosopographischer Arbeiten im 18. Jht.[69] bis in die Gegenwart und fand einen ersten Höhepunkt in WURZBACHS *Biographischem Lexikon des Kaiserthums Österreich,* dessen Erscheinen 1856 einsetzte[70], während die Historische Kommission der Bayerischen Akademie der Wissenschaften[71] erst 19 Jahre später mit der Ausgabe der *Allgemeinen Deutschen Biographie*[72] begann. WURZBACH, obwohl arbeitsmäßig wie finanziell weitgehend auf sich allein gestellt, erreichte 1891, also nach 35 Jahren, mit Band 60 das Ende des Buchstabens Z, eine Leistung, die man nur im Vergleich mit einem anderen Beispiel der seit der Mitte des vorigen Jahrhunderts erscheinenden großen biographischen Werke richtig ermessen kann: die von der Belgischen Akademie der Wissenschaften seit 1866 herausgegebene *Biographie nationale*[73] – von einer 1846 dafür eingesetzten Kommission vorbereitet und betreut[74] – gelangte erst 1938 mit Band 27 an das Ende des Alphabets[75]. Man bedenke, zwanzig Jahre systematischer Vorbereitung und 72 Jahre Erscheinungszeit! Es hätte dem ersten Band des Öster-

[69] Im 18. Jht. entstand im österreichischen Raum auch das Beispiel einer Prosopopöie; vgl. Josef KÖSSLER, Prosopopoejae illustrium Styriae heroum...(Graz 1746).

[70] Constant v. WURZBACH, Biographisches Lexikon des Kaiserthums Oesterreich, enthaltend die Lebensskizzen der denkwürdigen Personen, welche seit 1750 in den österreichischen Kronländern geboren wurden oder darin gelebt und gewirkt haben (Tl. 1-5, 1856-1859... Lebensskizzen der denkwürdigen Personen, welche 1750-1850 im Kaiserstaate und in seinen Kronländern gelebt haben, Tl. 6, 1860 ... Lebensskizzen derjenigen Personen, welche seit 1750 in den österreichischen Kronländern gelebt und gewirkt haben), 60 Tle. (Wien 1856-1891), Reg. Bd. (Wien 1923); vgl. dazu zuletzt Otto KRESTEN, Biographische Lexikographie in Österreich im 19. und 20. Jht. und die kaiserliche (österreichische) Akademie der Wissenschaften: Eine Übersicht, Referat, gehalten am 23. Februar 1990 im Rahmen des vom Istituto della Enciclopedia Italiana in Rom veranstalteten *Seminario Internazionale: Biografia e storiografia,* im Druck; Hubert REITTERER, Constant von Wurzbach-Aspekte seiner Biographie, Vortrag, gehalten am 18. April 1991 im Rahmen der Mitarbeiterversammlung des Österreichischen Biographischen Lexikons, bei der auch die von diesem Unternehmen gemeinsam mit dem Wiener Stadt- und Landesarchiv in der Österreichischen Akademie der Wissenschaften gestaltete Ausstellung DER WURZBACH – 100 JAHRE eröffnet wurde. Die Exponate wurden anschließend auch im Wiener Rathaus und später in Berchtesgaden und Laibach gezeigt; erweiterte Druckfassung: Elisabeth LEBENSAFT – Hubert REITTERER, Wurzbach-Aspekte, in: Wiener Geschichtsblätter 47 (1992), 32-44, Sonderabdruck für Österreichisches Biographisches Lexikon (Wien 1991).

[71] In der Übertragung der Ausarbeitung an diese Kommission verdeutlicht sich auch die Zuordnung der biographischen Forschung zur Geschichtswissenschaft.

[72] Allgemeine Deutsche Biographie, 56 Bde., hrsg. von der Historischen Kommission bei der Kgl. (bayerischen) Akademie der Wissenschaften (Leipzig-München 1875-1912). Zu den Vorläufern, zur Geschichte und Fortsetzung der Allgemeinen Deutschen Biographie vgl. CHRISTERN, Entwicklung (wie Anm. 49), 1083-1111, 1124-1129.

[73] Biographie nationale, hrsg. von der Académie royale des sciences, des lettres et des beaux-arts de Belgique, 28 Bde. (Brüssel 1866-1944).

[74] Der Kommissionsgründung war eine Verfügung König Leopolds vom 1. Dezember 1845 vorangegangen, die der Akademie die Pflicht zur Erstellung einer Biographie Nationale auferlegte; zu Gründung und Tätigkeit der genannten Kommission vgl. die zum 100 Jahrjubiläum des Erscheinens des ersten Bandes dieser Biographie erschienene Schrift: Jacques LAVALLEYE, Historique de la Commission de la Biographie Nationale (Brüssel 1966). Im Anhang finden sich u.a. Listen aller Kommissionsmitglieder und Mitarbeiter.

[75] Die Kommission nahm nach der 1944 erfolgten Ausgabe des Registerbandes die Arbeit an den Supplementbänden auf, von denen der erste 1957, 1985/86 der 16. als 44. Band der Gesamtreihe erschienen ist.

reichischen Biographischen Lexikons[76] sehr zum Vorteil gereicht, wäre seitens der Österreichischen Akademie der Wissenschaften der 1946 – also genau ein Jahrhundert nach der belgischen – dafür eingesetzten Kommission Gelegenheit für ebenso gründliche Vorarbeit geboten worden. Das Erscheinungstempo, ihr bedächtiges Fortschreiten, aber verteidigen die Belgier im Vorwort zum Registerband mit treffenden Worten: *C'est peu de faire vite, il faut bien faire*[77]. Ein Gedanke, den man zum Motto jeglicher wissenschaftlichen Arbeit, speziell aller für einen langen Zeitraum hin verbindlich bleibenden lexikalischen Unternehmungen wählen sollte!

Nach dem Zweiten Weltkrieg setzte in Österreich eine Fülle von prosopographischen Arbeiten – verstanden im engeren und weiteren Sinn – ein, als Beispiel seien einige herausgegriffen: für den Kulturraum des Ostreichs das von der Österreichischen Akademie der Wissenschaften herausgegebene *Prosopographische Lexikon der Palaiologenzeit*[78], für die Frühzeit die aus der Schule Wolframs erwachsenen Arbeiten. Ich nenne hier nur die schon erwähnten prosopographischen Studien über reichsangehörige Personen gotischer Herkunft von Andreas SCHWARCZ[79], jene von Heinrich BERG zur Kirchengeschichte des österreichischen Raumes im Frühmittelalter[80], dem eine über die Bischöfe dieser Zeit in den Berichten der Frühmittelalterkommission vorausging[81].

Ins Spätmittelalter weisen Winfried STELZERS *Gelehrtes Recht in Österreich*[82] sowie die Ausgabe von Fakultätsakten der Universität Wien durch Paul UIBLEIN[83], der auf deren personengeschichtliche Bedeutung in den Mitteilungen des Instituts für österreichische Geschichtsforschung hingewiesen hat[84], während andere ausschließlich oder weitgehend die Neuzeit betreffen. Es seien hier die Darstellungen einzelner Wissenschaftsdisziplinen, beschränkt auf bestimmte Wirkungsräume- und Zeiten genannt, die teils als Dissertationen, teils aber als Ergebnis der Forschungsarbeit einzelner Universitätsarchive erwachsen sind. Sie werden zwar meist zur Wissenschaftsgeschichte gerechnet, um deren Institutionalisierung sich Walter HÖFLECHNER von der Universität Graz große Verdienste erworben hat, sind aber fast ausschließlich eigentlich richtige Prosopographien.

[76] Österreichisches Biographisches Lexikon, hrsg. von der Österreichischen Akademie der Wissenschaften, bisher 9 Bde. und 3 Lfg. (Graz-Köln, später Wien 1957-1992). Die erste der fünf Lieferungen des ersten Bandes erschien 1954, acht Jahre nach Einsetzung der 1946 mit der Herausgabe betrauten Kommission; zur Geschichte dieses Lexikons vgl. zuletzt KRESTEN, Biographische Lexikographie (wie Anm. 70).

[77] Vgl. Biographie nationale 28 (wie Anm. 73), 13.

[78] Erich TRAPP, Prosopographisches Lexikon der Palaiologenzeit, bisher 10 Faszikel (Österreichische Akademie der Wissenschaften. Veröffentlichungen der Kommission für Byzantinistik I/1-10, Wien 1976-1991). Schon für den 1. Faszikel hatte man die EDV eingesetzt.

[79] SCHWARCZ, Reichsangehörige Personen (wie Anm. 39).

[80] BERG, Quellenkundliche und prosopographische Studien (wie Anm. 38).

[81] Heinrich BERG, Bischöfe und Bischofssitze im Ostalpen- und Donauraum vom 4. bis zum 8. Jahrhundert, in: Die Bayern und ihre Nachbarn, hrsg. von Herwig WOLFRAM und Andreas SCHWARCZ (Veröffentlichungen der Kommission für Frühmittelalterforschung 8 = Denkschriften der Österreichischen Akademie der Wissenschaften, phil. hist. Kl. 179, Wien 1985).

[82] Winfried STELZER, Gelehrtes Recht in Österreich. Von den Anfängen bis zum frühen 14. Jht. (Mitteilungen des Instituts für österreichische Geschichtsforschung, Erg. Bd. 26, WienGraz-Köln 1982).

[83] Acta Facultatis artium Universitatis Vindobonensis 1385-1416, hrsg. von Paul UIBLEIN (Publikationen des Instituts für österreichische Geschichtsforschung, R. 6, Abt. 2, Graz-Wien-Köln 1968); dazu DERS., Mittelalterliches Studium an der Wiener Artistenfakultät: Kommentar zu den Acta Facultatis Universitatis Vindobonensis 1385-1416 (Schriftenreihe des Universitätsarchivs, Universität Wien 4, Wien 1987). – Die Akten der Theologischen Fakultät der Universität Wien (Acta Facultatis theologicae) (1396-1506) 1-2, hrsg. von Paul UIBLEIN (Wien 1978). Uiblein lieferte ein ausführliches Register mit kurzen biographischen Angaben zu allen in den Akten vorkommenden Personen.

[84] Vgl. Paul UIBLEIN, Fakultätsakten als personengeschichtliche Quelle, in: Mitteilungen des Instituts für österreichische Geschichtsforschung 88 (1980), 329-332.

Daneben gibt es eine Fülle von neuen Werken, die der Prosopographie im weiteren Sinne zuzuzählen sind, die biographischen Publikationen[85], so das schon genannte, den Wurzbach komplettierende wie fortsetzende und den Gesamtbereich der ehemaligen Habsburgermonarchie in deren jeweiliger Ausdehnung erfassende *Österreichische Biographische Lexikon*[86], ähnliche Werke auf Bundesländerebene oder der von kleineren verwaltungsmäßigen Einheiten, wie auch fachspezifische Nachschlagewerke. Für Oberösterreich[87] sind hier das in Ringbuchform veröffentlichte *Biographische Lexikon von Oberösterreich*[88], die Arbeiten von Harry SLAPNICKA[89] sowie die vom oberösterreichischen Landesarchiv herausgegebene Serie *Oberösterreicher*[90] zu nennen.

Diesen reichen praktischen Aktivitäten stehen jedoch kaum methodologische oder theoretische Untersuchungen gegenüber. Als einzig größere Arbeit findet man den von Grete KLINGENSTEIN, Heinrich LUTZ und Gerald STOURZH herausgegebenen Band über *Biographie und Geschichtswissenschaft*[91]. Allerdings fällt auf, daß von den zwölf darin zu Wort kommenden Autoren nur sechs Österreicher sind[92]. Die Zeitschriftenliteratur aber beschränkt sich auf wenige kürzere Abhandlungen und beides beschäftigt sich zudem überwiegend mit Problemen der Einzelbiographie.

Eine intensivere Beschäftigung mit Wesen und Methodik der prosopographischen Disziplin könnte aber die praktischen Bestrebungen wesentlich erleichtern, unterstützen und fördern. Hier soll die Arbeit der neuen Subsektion einsetzen und durch entsprechende Referate bzw. Diskussionen Zusammenarbeit und Erfahrungsaustausch unter den Prosopographen bzw. Biographen fördern sowie zur

[85] Vgl. dazu KRESTEN, Biographische Lexikographie (wie Anm. 70); Erich ZÖLLNER, Bemerkungen zu österreichischen historischen Biographien 1945-1991, in: Mitteilungen des Instituts für österreichische Geschichtsforschung 100 (1992), 432-454.

[86] Vgl. Anm. 76.

[87] Beispiele aus diesem Bundesland wurden im Hinblick auf den Ort der Tagung, in deren Rahmen das vorliegende Thema – vgl. Anm. 7 – Behandlung fand, gewählt.

[88] Biographisches Lexikon von Oberösterreich, bearb. von Martha KHIL (Linz ab 1955). Das herausgebende Institut für Landeskunde von Oberösterreich hatte Khil 1947 mit den vorbereitenden Arbeiten betraut; vgl. Vorwort zu Lfg. 1. Von 1955 an wuchs das Werk auf 9 Ringbände an, dann wurde leider die Herausgabe eingestellt, man sammelte im Institut aber weiterhin die biographischen Daten zu bedeutenden oberösterreichischen Persönlichkeiten.

[89] Harry SLAPNICKA, Oberösterreich – Die politische Führungsschicht, 3 Bde. (1861-1918, 1918-1938, ab 1945) (Beiträge zur Zeitgeschichte Oberösterreichs 9, 3, 12, Linz 1983, 1976, 1989); kurze biographische Angaben finden sich auch in den Registern der Darstellungen einzelner Perioden oberösterreichischer Geschichte durch den genannten Autor.

[90] Oberösterreicher. Lebensbilder zur Geschichte Oberösterreichs, bisher 1-7 (Linz 1981-1991); 1-3 wurden von Alois ZAUNER und Harry SLAPNICKA herausgegeben, 4 von Heribert FORSTNER, Gerhart MARCKHGOTT, Harry SLAPNICKA und Alois ZAUNER, 5-6 von Alois ZAUNER, Gerhart MARCKHGOTT und Harry SLAPNICKA, 7 von Gerhart MARCKHGOTT und Harry SLAPNICKA. Die Bände umfassen jeweils um die 15 Biographien, die sich über alle Zeiträume verteilen. Grundsätzlich sollen jeweils Vertreter verschiedener Berufe und bedeutende, kurz vor dem Erscheinen verstorbene Persönlichkeiten vertreten sein. Zwei bisher publizierte Bände, 4 und 5, sind jedoch je einer einzigen Persönlichkeit gewidmet: Landeshauptmann Gleißner. Zeitgenossen berichten (Linz 1985); Alfred SCHLEGEL, Josef Schlegel (Linz 1986).

[91] Biographie und Geschichtswissenschaft (wie Anm. 68).

[92] Es sind dies: Friedrich ENGEL-JANOSI, zuletzt Honorarprofessor für Neuere Geschichte an der Universität Wien, Heinrich LUTZ, zuletzt o. Professor für Geschichte der Neuzeit an der Universität Wien, Herta NAGEL-DOCEKAL, damals Assistentin am Institut für Philosophie an der Universität Wien, Leopold ROSENMAYR, o. Professor für Soziologie und Sozialphilosophie an der Universität Wien, Helmut RUMPLER, o. Professor für Neuere und Österreichische Geschichte an der Universität für Bildungswissenschaften Klagenfurt sowie der in Graz geborene, aber im Ausland wirkende Walter MARKOV, 1949-1974 Professor für Geschichte der Neuzeit an der Universität Leipzig.

Erarbeitung gewisser methodologischer Richtlinien führen, und dies nicht nur für die Überwindung der Schwierigkeiten, welche sich für gewisse Perioden auf Grund weniger und schwer erschließbarer Quellen ergeben, sondern auch für die jüngere Zeit, die im Gegensatz dazu eine sinnvolle Auswahl aus einem umfangreichen Quellenreservoir sowohl im Hinblick auf den zu erfassenden Personenkreis, wie auch auf die inhaltliche Beschränkung zu treffen hat. Es sind ferner Möglichkeiten für die Bewältigung der sich aus Datenschutz- und Personenschutzgesetzen ergebenden Behinderungen zu diskutieren, die naturgemäß nur für neuzeitliche Prosopographien relevant sind[93].

Auch Probleme des äußeren und inneren Aufbaus der biographischen Artikel wäre zu erörtern. Bei Durchsicht der sich selbst prosopographisch nennenden Publikationen fällt die Verwendung von Fußnoten[94] bei den reicher gewordenen Einzelartikeln auf, eine Maßnahme, die bei den sich biographisch verstehenden Werken nie zur Anwendung kommt. Dies erklärt sich wohl aus der Verschiedenheit des Zielpublikums. Erstere wenden sich, wie zu zeigen versucht wurde, an die für das jeweilige Spezialthema zuständigen Fachleute und können daher diesen wissenschaftlichen Apparat zur vertieften Aufbereitung des dargebotenen Materials nützen, letzere aber würden gerade jenen breiten Kreis, den sie auch erreichen wollen und von dem sie als Quelle eindeutiger und verbindlicher Information empfunden werden, abschrecken und verwirren. Die wissenschaftliche Biographie selbst empfindet dies manchmal als Mangel, erlaubt es ihr doch nicht, die auf echter Grundlagenforschung beruhenden Teile der Artikel von jenen, die schon die zitierte Literatur aufweist, zu differenzieren. Darin liegt aber vielleicht mit ein Grund, warum die gemäß wissenschaftlicher Methoden erarbeiteten biographischen Werke auch oder gerade von wissenschaftlichen Kreisen weitgehend in die Nähe des Sachbuches verwiesen werden. Vorschläge für einen Mittel- oder Ausweg wären ein interessantes Thema für künftige Tagungen, ebenso wie solche für die stilistische Gestaltung. Können sich reine Prosopographien im Hinblick auf ihren Benützerkreis der gewohnten Fachsprache bedienen, erscheint dies für biographische Lexika nicht geboten, praktisch ausgedrückt: der auch angesprochene Laie soll bei Benutzung zum Verständnis nicht zu anderen Lexika Zuflucht nehmen müssen. Der Fachmann aber, dem diese Werke zur Erst- oder Einzelinformation dienen, wird für einen übersichtlichen und gleichmäßigen Aufbau danken. Auch Probleme dieser Art sollten einmal in einem größeren Kreis von Fachleuten formuliert und diskutiert werden. Ferner könnten Vertreter jener Sparten zu Wort kommen, welche diese Werke nach sozialgeschichtlichen oder anderen Kriterien auswerten möchten, um gewissermaßen einen Katalog der von ihnen gesuchten Angaben vorzulegen. Durch Berücksichtigung einer leichteren Auswertbarkeit würden sich diese biographischen Publikationen den Prosopographien im echten Sinn weiter nähern[95].

Schließlich aber wären Grundlagen für eine österreichweite Zusammenarbeit aller prosopographisch-biographischen Unternehmen zu erarbeiten und zwar in einer Form, wie sie die Entwicklung der modernen Technik anbietet. Eine zentrale Datenbank aller personenbezogenen Angaben bzw. eine elektronische Verbindung der einzelnen in Frage kommenden Forschungseinheiten müßte nicht Utopie bleiben, sondern könnte ein geeignetes Instrument bilden, um langwieriges Suchen

---

[93] Diesem derzeit aktuellen und in hohem Maße auch die Archivare berührenden Fragenkomplex widmete man sich sowohl in Referaten wie Diskussionen eingehend im Rahmen des 21. Österreichischen Archivtages in Radstadt (13.-16. September 1989); vgl. dazu Einführung und Referate in Scrinium 40-42 (1989).

[94] Entweder generell den jeweiligen Seiten oder aber den Einzelartikeln zugeteilt.

[95] Änderungen bzw. Erweiterungen im Aufbau der Artikel sind auch bei schon laufenden Projekten möglich, wie beispielsweise das Österreichische Biographische Lexikon gezeigt hat; vgl. Anm. 52.

nach gewissen Details unnötig zu machen, die in anderem Zusammenhang längst erhoben, aber noch nicht oder an entlegener Stelle publiziert wurden. Für die mittelalterliche Prosopographie wurde auf die schon Mitte der 60er Jahre hin erfolgte Anregung durch den Mathematiker Helmut WERNER[96] beispielsweise für das Münster-Freiburger kommentierte Quellenwerk *Societas et Fraternitas,* das sich der Erschließung der Memorialquellen widmet und 1986 schon 400.000 Namen aufgenommen hatte[97], längst ein auf internationaler Ebene einsetzbares System entwickelt[98]. 1978 war diese Problematik Thema eines von Karl Ferdinand WERNER veranstalteten Round-Table-Gesprächs[99].

Datenbanken wurden auch im Rahmen der neuzeitlichen Prosopographie für bestimmte Projekte eingerichtet. Ich darf hier auf die *Wiener Datenbank zur europäischen Familiengeschichte* verweisen, die unter der Ägide Michael MITTER-AUERS im Institut für Wirtschafts- und Sozialgeschichte entstand und bis 1984 schon Angaben zu 250.000 Personen gespeichert hatte[100]. Ein die gesamte österreichische personengeschichtliche Forschung erfassendes oder verbindendes System zu überdenken und dessen Grundprinzipien auf einer der nächsten Tagungen vorzustellen, wäre ein lohnendes Unterfangen[101]. Es kann dabei allerdings, wie schon anderweitig richtig bemerkt wurde, nicht Aufgabe des Historikers sein, sich mit technischen Details auseinanderzusetzen. Für die Entwicklung der Software gibt es schließlich den immer größere Bedeutung erlangenden Berufsstand der Informatiker[102], für die praktische Durchführung aber stehen die Programmierer zur Verfügung. Die dem Historiker zufallende Aufgabe besteht in der Erstellung des Wunschkatalogs, im Informatikjargon ausgedrückt des Pflichtenheftes, d.h. in der Klärung der Frage, welche Dinge abfragbar, welche elektronischen Verbindungen herstellbar sein sollen. Ansonsten genügt es, wenn er sich ein allgemeines Bild von den bestehenden Möglichkeiten verschafft, allzu intensive Beschäftigung mit der Technik kann von der eigentlichen historischen Aufgabe ablenken[103]. Referate

---

[96] Helmut WERNER, seit 1964 o. Professor an der Universität Münster/Westfalen – wo ab 1965 auch Karl SCHMID als Professor wirkte – ab 1980 o. Professor und Direktor des Instituts für Angewandte Mathematik an der Universität Bonn; vgl. dazu Karl SCHMID, Zum Einsatz der EDV in der mittelalterlichen Personenforschung, in: Frühmittelalterliche Studien 22 (1988), 53-69.

[97] Vgl. SCHMID, Zum Einsatz der EDV (wie Anm. 96), 60.

[98] 1988 bestanden Verbindungen nach Frankreich, Belgien, Italien und die USA; vgl. SCHMID, Zum Einsatz der EDV (wie Anm. 96), 53.

[99] Vgl. dazu L'histoire médiévale et les ordinateurs. Medieval History and Computers. Rapports d'une Table ronde internationale (Paris 1978), hrsg. von Karl WERNER (München u. a. 1981).

[100] Vgl. Josef EHMER, Ein „intellektueller Totpunkt"? Zur Aussagekraft von Personenstandslisten und zur „Wiener Datenbank zur europäischen Familiengeschichte", in: Bericht über den sechzehnten Österreichischen Historikertag in Krems/Donau ... 3. bis 7. September 1984 (Veröffentlichungen des Verbandes Österreichischer Geschichtsvereine 25, Wien 1985), 634.

[101] Ein solches Datenbanksystem setzt allerdings die Klärung der urheberrechtlichen Probleme voraus, da die wissenschaftliche Priorität der *Lieferanten* in die Zentralstelle zu wahren bleibt.

[102] Für die Ausbildung der Vertreter dieses in allen Bereichen des öffentlichen, wirtschaftlichen, technischen aber auch wissenschaftlichen Lebens immer größere Bedeutung erlangenden Berufsstandes fordert man an der Technischen Universität Wien seit einiger Zeit die Errichtung einer eigenen Fakultät. Dies zeigt, welch eigenständigen Platz innerhalb der Wissenschaft diese junge Disziplin einnimmt.

[103] Als vorbildliche Zusammenarbeit zwischen Historikern und Mathematikern bzw. Informatikern kann jene des um die Prosopographie des Mittelalters hochverdienten Karl SCHMID mit Helmut WERNER – vgl. Anm. 96 – gelten. Die an der Universität Münster angebahnte Verbindung der beiden Wissenschafter dauerte auch nach Werners Abgang nach Bonn weiter an und Karl SCHMID hielt nach seiner 1973 erfolgten Berufung an die Universität Freiburg/Br. die Kontakte mit dem Universitätsrechenzentrum aufrecht. Er erwirkte schließlich auch für die dortige personengeschichtliche Arbeitsgruppe die Einrichtung eines Informatikerdienstpostens seitens der Deutschen Forschungsgemeinschaft. Schmid hatte in Werner einen kongenialen Partner gefunden, der dem Rechenzentrum eine der Wissenschaft dienende Aufgabe zuwies und davor warnte, dieses zu einer reinen Dienststelle ohne wissenschaftliches Engagement werden zu lassen; vgl. SCHMID, Zum Einsatz der EDV (wie Anm. 96), 53, 59, 64f.

und Diskussionen zu dieser Thematik könnten wesentliche Fortschritte für die Methodik biographischen Arbeitens erbringen.

Ein weiteres Moment, das zwar in der Praxis umgesetzt wird, aber schon überleitet zur allgemein-theoretischen Fragestellung ist die Erörterung, wie weit biographische Sammelwerke die Grenzen der reinen Prosopographie überschreiten dürfen und in welcher Weise. Zur Illustration: eine biographische Monographie wird bei allem Streben nach Objektivität und Sicht aus den Gegebenheiten heraus, bedingt durch die Breite der Darstellung, das Einfließen zeitbedingter und subjektiver Elemente nicht völlig vermeiden können. Biographische Sammelwerke aber, die – wie schon oben angedeutet – für längere Zeit hin verbindliche Nachschlagewerke bleiben, sollen zwar die neuesten Erkenntnisse über die prosopographischen d. h. äußeren Daten berücksichtigen, aber unbeeinflußt von den jeweiligen geistig-politischen Strömungen in wertfreier Weise in die allgemeine Entwicklung einordnen. Es mag angehen, wenn sich das Biographische Wörterbuch zur deutschen Geschichte in seiner Neuauflage einerseits ausdrücklich zur prosopographischen Form bekennt, aber gleichzeitig eine methodische Erweiterung durch wertende Charakterisierung vornimmt[104]. Es ist als Fachlexikon weitgehender als allgemeine biographische Lexika für den Fachmann bestimmt, der wohl zu differenzieren versteht, was allgemein gültig, was der gerade vorherrschenden Meinung zuzuschreiben ist. Sammlungen aber, welche bestimmte Bereiche auch einem umfangreichen Kreis von Laien aufschließen, für ihn Namen, die er in irgendeinem Zusammenhang kennenlernt, mit Leben erfüllen und Abbilder handelnder Menschen gestalten, müssen Wertungen, weil stets subjektiv und zeitbedingt, möglichst meiden, der Laie versteht sie als etwas Endgültiges.

Es wäre wünschenswert, würde nur ein Bruchteil von jenem analytischen Verständnis und von Entschuldigungen im Hinblick auf tatsächliches oder konstruiertes Mitverschulden der Gesellschaft und der Umstände, das die Gegenwart heutigem Verhalten entgegenbringt, auch der Vergangenheit und deren Trägern zuteil. So wäre zu erörtern, in welcher Weise man im Zuge des *biographical approach* zur Geschichte durch Prüfung der den Menschen gebotenen Möglichkeiten und der zeitgegebenen Umstände bei der Schilderung ihrer Handlung diesen besser gerecht werden könnte. Im übrigen ist es bequem, über Ansichten zu urteilen, wenn man das Ergebnis kennt und wenn man aus Erfahrungen schöpfen kann, die die Zeitgenossen nicht haben konnten, schreibt der französische Historiker Pillorget treffend[105].

Schließlich ist auch die Frage nach der Position von Prosopographie bzw. Biographie innerhalb der Geschichte zu stellen. Mancherorts erachtet man prosopographische Bestrebungen schon für wichtig genug, ihnen spezielle Publikations-

[104] Vgl. Biographisches Wörterbuch zur deutschen Geschichte 1, 2. Aufl., bearb. von Karl Bosl, Günther Franz und Hanns Hubert Hofmann (München 1973), VI.

[105] Vgl. René Pillorget, Die Biographie als historiographische Gattung. Ihre heutige Lage in Frankreich, in: Historisches Jahrbuch 99 (1979), 354. – Ähnliches wie für die wirkenden Persönlichkeiten gilt auch für die Einschätzung von Biographen. Zu welch ungerechten Aussagen auch hier spätere Sicht ohne Bedachtnahme auf die zeitlichen Gegebenheiten um die fragliche Person führen kann, zeigt sich beispielsweise bei Wurzbach, dem man mangelnde Objektivität bei der Auswahl der Biographierten vorwarf, weil er wohl alle Erzherzoge, aber lediglich einen einzigen Sozialisten behandelte. Als sich an der Jahreswende 1888/89 die Arbeiterbewegung zur Sozialdemokratischen Partei konstituierte und damit erst zu einem geschlossenen und institutionalisierten politischen Faktor wurde, hatte Wurzbach bereits 56 Teile seines Lexikons publiziert und nur zwei Jahre später war das Werk abgeschlossen! Vgl. Anton Bettelheim, Constant Ritter v. Wurzbach-Tannenberg, in: Neue Österreichische Biographie 1815–1918, Abt. 1, 1 (Wien, 1923), 335; Reitterer-Lebensaft, Wurzbach-Aspekte (wie Anm. 70), 11f.

organe zu widmen. So gibt – um Beispiele zu nennen – die Universität Hawaii seit 1978 eine Zeitschrift *Biography* heraus, *Francia*[106], die seit 1973 bestehende Zeitschrift des Deutschen Historischen Instituts in Paris, weist ab dem 1979 erschienenen sechsten Band eine eigene Abteilung *Prosopographica* auf, der eine spezielle Zählung ein gewisses Eigenleben verleiht[107], nur ein Jahr später, 1980, aber begann man in Kalamazoo, im US-Bundesstaat Michigan mit der Ausgabe der Zeitschrift *Medieval Prosopography*, die in engster Zusammenarbeit mit der europäischen Forschung, speziell in Deutschland, steht und auch regelmäßig eine Bibliographie zu diesem Thema verzeichnet. In Hamburg dagegen begann man 1988 mit der Veröffentlichung von *Bios, Zeitschrift für Biographie Forschung und Oral History*, die, wie der Untertitel zeigt, sich der neuesten Zeit widmet. An dieser stark sozialwissenschaftlich orientierten Zeitschrift[108], die im Abschnitt *Biolit* über neue Literatur informiert, ist Österreich immerhin durch eines der elf Mitglieder des Herausgeberteams vertreten, nämlich durch Gerhard Botz von der Universität Salzburg.

Diese Aktivitäten zeigen eine gewisse Aufwertung der Prosopographie, trotzdem aber figuriert sie – obwohl zu einer Hilfs- bzw. Grundwissenschaft mit konkreten Zielen geworden[109] – in keiner Einführung in die Geschichte unter diesen, auch nicht in einer erst 1990 erschienenen und als Einführung gedachten *Grundbibliographie mittelalterlicher Geschichte*, die gegenüber früheren Werken die Reihe der traditionellen Hilfswissenschaften wohl um quantitative Methoden und EDV (ADV) vermehrt hat[110], und selbst nicht in Bengtsons mehrfach aufgelegter *Einführung in die alte Geschichte*[111], für die sie ursprünglich entwickelt wurde.

Wenn BULST[112] das Fehlen der Prosopographie in *La Nouvelle Histoire*[113] – es scheint dort im übrigen auch Biographie und Genealogie nicht auf – sowie in den *Jahresberichten für deutsche Geschichte*[114] und der *Bibliographie annuelle de*

---

[106] Francia. Forschungen zur westeuropäischen Geschichte, hrsg. vom Deutschen Historischen Institut Paris 1ff (ab 1973).

[107] Sie dient sowohl der Veröffentlichung von eigentlichen Prosopographien als auch von Abhandlungen zu prosopographischen Themen. Als Prosopographica I erschien: Dietrich CLAUDE, Prosopographie des Spanischen Suebenreiches, in: Francia 6 (1979). Die neunte und bisher letzte Folge dieser Abteilung findet sich in Francia 15 (1988), dem letzten Band, der den gesamten berücksichtigten Zeitraum umfaßt. Ab Band 16 (1989) erscheint die Zeitschrift in drei Abteilungen: Mittelalter, Frühe Neuzeit, 19. und 20. Jht. (im französischsprachigen Titel: Histoire contemporaine).

[108] Die Zeitschrift will – vgl. Bios 1 (1988), 3 – ein Forum für Fragestellungen und methodische Wege in mehreren Disziplinen sein, die sich mit biographischen Daten befassen: der Geschichtswissenschaft, der Soziologie, Volkskunde, Literatur- und Erziehungswissenschaft sowie der Psychologie und deren Nachbardisziplinen.

[109] Vgl. WERNER, Problematik (wie Anm. 8), 71f.

[110] Vgl. Peter SCHULER, Grundbibliographie. Mittelalterliche Geschichte (Historische Grundwissenschaften in Einzeldarstellungen 1, Stuttgart 1990), 12.

[111] BENGTSON, Einführung (Anm. 21).

[112] Vgl. BULST, Zum Gegenstand und zur Methode (wie Anm. 28), 11f.

[113] La Nouvelle Histoire, hrsg. von Jacques LE GOFF, gemeinsam mit Roger CHARTIER und Jacques REVEL (Paris 1978). Zur Person und zum wissenschaftlichen Werk Le GOFFS vgl. DERS., L' appétit de l'histoire, in: Essais d'ego-Histoire, hrsg. von Pierre NORA (Paris 1987), 173-239, unvollständige deutsche Ausgabe: Der Appetit auf Geschichte, in: Leben mit der Geschichte: Vier Selbstbeschreibungen. Pierre Chaunu – Georg Duby – Jacques Le Goff – Michelle Perrot (Frankfurt/Main 1989), 100-177; Otto Gerhard OEXLE, Das Andere, die Unterschiede, das Ganze. Jacques Le Goffs Bild des europäischen Mittelalters, in: Francia 17/1 (1990), 142-158.

[114] Jahresberichte für deutsche Geschichte, hrsg. von der Abt. Bibliographie an der Dt. Akad. der Wiss. zu Berlin, später vom Zentralinstitut für Geschichte, Abt. Information und Dokumentation der Akademie der Wissenschaften der DDR, NF 1ff (ab 1952).

l'histoire de France[115] beklagt, entbehrt dies allerdings der Berechtigung. Die beiden erstgenannten Publikationen erwuchsen schließlich aus einer persönlichkeitsablehnenden Geschichtsauffassung, so die *Nouvelle Histoire* unter dem Einfluß der sogenannten *École des Annales*[116], die Jahresberichte aus der materialistischen Geisteshaltung der ehemaligen DDR[117].

Der *Bibliographie annuelle* aber macht er zu Unrecht den zitierten Vorwurf, die Prosopographie findet sich vom ersten Band an gemeinsam mit der Biographie in der Gruppe der Hilfswissenschaften[118]. Die Publikation ist also im gegensätzlichen Sinn hervorzuheben. Eine andere historische Bibliographie allerdings träfe dieser Vorwurf zu Recht, unsere österreichische[119], in deren Systematik sowohl Prosopographie wie Biographie fehlen. Werke dieser Art sind dort nur auf dem Umweg über das Register zu erschließen, in dem diese Begriffe als Schlagworte aufscheinen. Wenn in der Folge im Rahmen der neuen Subsektion auf den österreichischen Historikertagen durch wissenschaftstheoretische Referate der Standort der personenbezogenen Disziplin innerhalb der Geschichtswissenschaft bestimmt und auf das ihr zukommende Niveau gehoben werden soll, sind damit nicht nur abstrakte sondern auch durchaus konkrete Folgerungen angestrebt. In Anlehnung an Nestroy könnte man sagen: Sie soll weg vom geringgeschätzten Niveau der ebenen Erde in den ersten Stock, aus dem Register in die Systematik kommen, dorthin, wo sie in manchen Bundesländerbibliographien von Anfang an beheimatet war[120].

Die neue Subsektion scheint zudem geeignet Forschungsprojekte anzuregen bzw. in Vorträgen und Diskussionen methodologische Voraussetzungen für solche zu schaffen. So zielen die Bestrebungen nicht zuletzt auch auf die Sondierung von Grundlagen bzw. Voraussetzungen für die Erarbeitung einer allgemeinen Prosopographie zur Geschichte Österreichs von der Antike bis zur Mitte des 18. Jahrhunderts ab, welche den von Wurzbach und dem *Österreichischen Biographischen*

[115] Bibliographie annuelle de l'Histoire de France du cinquième siècle à 1939 (Paris ab 1956, ab Berichtsjahr 1955). Dieses Werk setzt das bis 1938 erschienene Répertoire bibliographique de l'Histoire de France fort und enthält im ersten Band auch einen bibliographischen Überblick für die Jahre 1945–1955. Parallel zu den folgenden Jahresübersichten begann man 1964 die zwischen dem Erscheinen des letzten Bandes des Répertoire und dem ersten der Bibliographie annuelle liegenden Jahre zu dokumentieren.

[116] Zum Verhältnis der Annales zum Marxismus vgl. Karl Kaser, Südosteuropäische Geschichte und Geschichtswissenschaft (Wien-Köln 1990), 242ff.

[117] Übrigens endet die zitierte Ablehnung der Persönlichkeit bei der eigenen. So weist die *Nouvelle Histoire* auf dem normalerweise Literaturhinweisen vorbehaltenen breiten freien Rand entlang der einzelnen Artikel neben den größeren, die einzelnen Kapitel einleitenden Abschnitten, eine Biographie des jeweiligen Autors auf, die überdies von einem Portraitphoto begleitet wird. Vor Beginn aber haben sich die drei Herausgeber selbst in gleicher Weise dargestellt. Dies nur am Rande.

[118] Bibliographie annuelle 1 (wie Anm. 115), XI, 29: *Généalogies et biographies collectives* (unter Einschluß der biographischen Sammelwerke).

[119] Österreichische historische Bibliographie ..., welche für die Zeit ab 1965 (1967 veröff.) in Jahresbänden laufend berichtet, die 1945-1964 erschienene Literatur aber in 3 Bänden gesammelt 1985 vorstellte.

[120] Wie z.B. in der auch sonst als vorbildlich geltenden historischen Bibliographie Oberösterreichs und deren Vorgängerwerk; vgl. Bibliographie zur oberösterreichischen Geschichte ... 1-2 als Abt. 1 der Reihe Bibliographie zur Geschichte, Landes- und Volkskunde Österreichs (Linz 1929-1937), ab 3 (Linz 1950) hrsg. vom Oberösterreichischen Landesarchiv, ab 5 (Wien-Köln-Graz 1972) als Erg.Bde. zu den Mitteilungen des Oberösterreichischen Landesarchivs. Die Literatur wird in Mehrjahresbänden erfaßt. Ihr ging voraus Hans Commenda, Materialien zur landeskundlichen Bibliographie Oberösterreichs (Linz 1891), es handelt sich dabei um einen Separatabdruck einer vorerst im 43.-49. Jahres-Bericht des Museums Francisco-Carolinum veröffentlichten Zusammenstellung.

Lexikon nicht erfaßten Zeitraum der Vergangenheit des österreichischen Raumes personengeschichtlich erschließen soll.

Die Ergebnisse all dieser geplanten Aktivitäten könnten schließlich nach mehreren Tagungen in einem Handbuch dieser Disziplin zusammengefaßt werden, wie es für andere Hilfswissenschaften längst selbstverständlich war und ist. Es soll der praktischen Arbeit dienen, Wesen wie Methodik dieses historischen Forschungszweiges dokumentieren und schließlich dessen Eigenständigkeit und Stellenwert innerhalb der Geschichtswissenschaft verdeutlichen.

Diese Intensivierung der Beschäftigung mit der Personengeschichte über den rein praktischen Rahmen hinaus muß gerechtfertigt erscheinen, ist doch weder wirtschaftliche noch soziale oder politische Geschichte anonym[121]. Träger jeglicher Entscheidung oder Entwicklung sind die Individuen, die NEALE als den Stoff der Geschichte bezeichnet[122], jene Menschen, mit denen sich Prosopographie bzw. Biographie beschäftigt.

Wenn es laut TELLENBACH Sache des Historikers ist, die Geschichte zu vergegenwärtigen und mitzuleben, indem konkrete Einzelerscheinungen so vollständig, wie es menschenmöglich ist, in ihren universalen Zusammenhängen verstanden werden[123], so bedeutet dies, angewendet auf die prosopographisch-biographische Disziplin, ein möglichst genaues Bild der einzelnen unverwechselbaren Individuen zu erarbeiten, sie aber nicht völlig isoliert – einem Einsiedler gleich – darzustellen, sondern in der ganzen Vielfalt ihrer sozialen Beziehungen, die sie zum Teil einer größeren Einheit und zu Etappen in der historischen Entwicklung derselben werden lassen.

Die primäre Aufgabe der neuen Subsektion wird darin bestehen, das geistige und handwerkliche Rüstzeug für diese, historische Verantwortung voraussetzende Tätigkeit zu erheben, zu prüfen und nach Möglichkeit zu verbessern, auch wenn man dadurch nicht vollkommene, sondern nur effizientere Arbeit zu erzielen vermag. Wird doch den Vertretern dieser Sparte kaum je die Erkenntnis erspart bleiben, die aus dem im 16. Jahrhundert niedergeschriebenen Satz Pantaleons in der Vorrede zu dessen Prosopographie klingt: *Doch bin ich ... so viel mir müglich, dapffer fürgefaren vnd zuletst das Ziel, so ich vermoegen, vnnd nit, so ich begeret, erlanget ...*[124].

---

[121] Vgl. Herbert LÜTHY, La Banque protestante de la Révocation de l'Édit de Nantes à la Revolution 1 (Paris 1961), VIII.

[122] Vgl. John Ernest NEALE, The Biographical Approach to History, in: History 36 (1951), 193-203.

[123] Vgl. TELLENBACH, Zur Bedeutung der Personenforschung (wie Anm. 40), 21, Neuaufl., 959.

[124] Vgl. PANTALEON, Teutscher Nation Heldenbuch (wie Anm. 11), Vorred III.